RAPPORT

SUR LES TRAVAUX DE

L'AMBULANCE DES DOMINICAINS
D'ARCUEIL

PENDANT LE SIÉGE DE PARIS

PAR

Le Docteur VERRIER (De Villers)

CHIRURGIEN EN CHEF

Chevalier de Saint-Grégoire-le-Grand

PARIS

SAVY, LIBRAIRE-ÉDITEUR

RUE HAUTEFEUILLE, 24

—

1872

RAPPORT

DE L'AMBULANCE DES DOMINICAINS D'ARCUEIL

PENDANT LE SIÉGE DE PARIS

Lorsqu'après le désastre de Sedan, l'on apprit que l'armée allemande marchait sur Paris, le R. P. Captier, prieur du collége des Dominicains à Arcueil, résolut, aidé de ses religieux et de ses serviteurs du collége, de fonder une ambulance, avec les ressources de sa maison et les cotisations offertes spontanément par les élèves présents à cette époque.

Il s'aboucha, à cet effet, avec le maire et le curé du pays, les sœurs de Saint-Vincent de Paul de Cachan et créa le comité d'Arcueil qu'il fit reconnaître par la société de secours aux blessés.

Sur ces entrefaites, le 16 septembre 1870, la 8ᵉ ambulance mobile arrivant de Raucourt se repliait sur Paris. M. le Dᵣ Porte, médecin à Arcueil, qu faisait partie comme aide-chirurgien de cette ambulance, demanda et obtint des R. P. Dominicains l'autorisation d'installer l'ambulance dans les magnifiques dépendances du collége Albert-le-Grand, avec l'assentiment du comité central de la société de secours aux blessés.

Dès lors le comité d'Arcueil fut en quelque sorte absorbé dans la 8e ambulance, qui trouva au collége, une installation aussi avantageuse que possible pour les malades et les blessés ainsi que pour le personnel de l'ambulance et une nourriture saine et abondante moyennant une faible rétribution.

Les sœurs de Cachan, cependant, ayant des bâtiments séparés et éloignés du collége se constituèrent isolément en ambulance annexe et commencèrent à fonctionner.

Le signataire de ce rapport avait l'honneur de faire partie de la 8e ambulance en qualité de chirurgien, et pendant que ses collègues et leurs aides accueillaient les premiers blessés des combats de Chatillon, de Villejuif, il fût chargé par le chirurgien en chef de la 8e du service médical et chirurgical de l'ambulance annexe des sœurs de Cachan, située en avant de l'aqueduc d'Arcueil.

Il y avait environ 25 malades, particulièrement des varioleux, lorsque je pris ce service. Cinq blessés du combat de Chevilly, le 30 septembre, parmi lesquels un officier, en vinrent augmenter le nombre.

Dans les salles du collége, on me réserva en outre le service des malades en m'adjoignant comme aide un étudiant avancé et intelligent, M. Mopinot, externe des hôpitaux de Paris, qui s'était mis gratuitement à la disposition du comité d'Arcueil.

Une certaine gêne étant survenue depuis dans les relations qui existaient entre cette jeunesse bouillante, aimant le plaisir et les graves religieux Dominicains, des ouvertures me furent faites pour reconstituer à part le comité d'Arcueil, en m'offrant la position de chirurgien en chef.

D'autre part, ayant eu à me plaindre des procédés du chirurgien en chef de la 8ᵉ vis-à-vis de moi son aîné par l'âge et l'ancienneté de grade universitaire, je fus trouver avec le R. P. Captier, M. le comte de Flavigny, et nous instituâmes l'ambulance privée des Dominicains d'Arcueil qui devint plus tard si tristement célèbre par le massacre des religieux et des serviteurs de l'ambulance sous la Commune.

Vers le 20 octobre les remarquables travaux du général Tripier devant fermer nos communications par l'aqueduc avec l'ambulance des sœurs de Cachan, je fis évacuer le plus grand nombre des malades de cette ambulance et transporter particulièrement les cinq blessés dans nos salles du collège Albert-le-Grand où nous les retrouverons plus tard.

La 8ᵉ ambulance continua à fonctionner près de nous, dans nos bâtiments, jusqu'à la fin d'octobre où elle partit pour Vitry. L'ambulance des Dominicains d'Arcueil était donc définitivement constituée et avait son autonomie propre.

On trouvera ci-après le mouvement des malades et des blessés de cette ambulance, qui continua de correspondre avec M. le Dʳ Chenu au Grand-Hôtel où elle envoyait les plus graves blessés, ainsi qu'avec le Val-de-Grâce ou d'autres ambulances civiles ou militaires de l'intérieur de Paris.

Pendant toute la période du bombardement l'ambulance des Dominicains n'a pas cessé de fonctionner, bien que placée entre les feux croisés des forts de Montrouge et de Bicêtre et les batteries prussiennes de Chevilly, de l'Hay, de Bagneux et du Moulin de Pierre.

Plus de 40 projectiles, dont quelques-uns du plus fort calibre, tombèrent dans l'établissement, plusieurs salles de malades reçurent des éclats d'obus, nous fûmes obligés de faire transporter dans d'autres salles moins exposées les blessés de l'ambulance. Un capitaine (M. Borelli) fut couvert dans son lit des morceaux de vitre de sa fenêtre qui, pendant la nuit, venait de voler en éclats. Cet officier atteint de variole fut obligé d'aller finir sa nuit, enveloppé dans une couverture, sous la cage de l'escalier pour se préserver autant que possible du froid rigoureux de la saison et de nouveaux projectiles.

Le chirurgien en chef et son aide, ainsi que quelques officiers malades ou blessés n'en restèrent pas moins au 4e étage d'une maison qui n'était certes ni blindée ni casematée. Ce sera toujours pour lui un titre de gloire d'avoir fait ramasser sous le feu ennemi et d'avoir soigné les blessés du 110e et des autres régiments qui ont successivement occupé la redoute des Hautes-Bruyères et les postes environnants.

Il joint à ce rapport une lettre de M. Coulon, officier d'ordonnance du général Valentin, qui lui recommande un de ses collègues, et il remercie le brave Dr Remy, médecin-major du 110e qui l'a aidé plus d'une fois dans les pansements difficiles à l'ambulance.

Il se loue enfin du concours empressé qu'il a trouvé dans M. Louis Guis, pharmacien de l'ambulance, qui a toujours su s'approvisionner de médicaments pour nos nombreux malades malgré de sérieuses difficultés.

Sur 425 malades ou blessés, soignés plus ou moins longtemps à l'ambulance des Dominicains d'Arcueil, en dehors des malades et des blessés de la 8ᵉ ambulance, 374 le furent pendant le premier siége de Paris, alors que j'étais chirurgien en chef; 51 le furent pendant le deuxième siége quand M. le docteur Durand des ambulances de la Presse m'avait remplacé dans mes fonctions. Ces derniers étaient tous des gardes nationaux de la Commune de Paris.

Nous allons donner ci-après l'état nominatif des officiers, sous-officiers et soldats de l'armée régulière recueillis à l'ambulance en les classant par régiments pour rendre les recherches plus faciles et nous prendrons seulement l'ordre numérique des entrées dans notre service hospitalier pour la garde nationale mobilisée aujourd'hui licenciée.

Nous commencerons par le 110ᵉ de marche, aussi bien est-ce régiment qui nous a fourni les premiers blessés à l'ambulance des sœurs de Cachan. Il avait été formé par les dépôts des 69ᵉ, 70ᵉ et 71ᵉ de ligne. Il a eu pour lieutenant-colonel, chef de corps, M. Mimerel ci-après dénommé.

Lettre de M. COULON, Officier d'ordre du général Valentin

CORPS BLANCHARD — BRIGADE VALENTIN

Monsieur Verrier, Médecin en chef de l'ambulance
d'Arcueil (Seine)

Mon collègue et ami de Flandre, lieutenant à la Garde mobile de la Côte-d'Or, officier d'ordonnance du général Valentin, entre aujourd'hui à votre ambulance pour une contusion reçue, il y a trois semaines, aux Hautes-Bruyères.

Il a été renversé par un obus et un sac à terre lui a foulé le pied, aujourd'hui cette foulure qui semblait peu de chose l'empêche de marcher, il a le pied tout noir et il pourrait lui survenir un abcès. Comme il va nous manquer, et que c'est un charmant garçon, je vous le recommande, fin qu'il nous revienne le plus tôt possible ; je l'ai engagé à aller à votre ambulance qui est très-saine.....

Agréez, etc.

E. COULON,
Lieutenant de Gendarmerie,
Officier d'ordonnance du général Valentin.

Bicêtre-Kremlin, le 26 janvier 1871.

— Nous sommes heureux d'ajouter que cet officier est rentré à Paris, le 3 février, en fort bonne santé.

110ᵉ DE MARCHE

(32 entrées dont 6 officiers)

Officiers blessés. — M. Mimerel, lieutenant-colonel, coup de feu reçu le 29 novembre 1870, plaie traversante du petit bassin, hémorrhagies répétées. Evacué le 6 décembre, 9 avenue d'Antin.

M. Fabre, capitaine, coup de feu reçu le 29 novembre au matin dans la région frontale, fracture du crâne, hernie de la matière cérébrale, apporté à l'ambulance dans le coma; mort le même jour, à 9 heures du soir.

M. Lecointe, sous-lieutenant, plaie contuse de la cuisse, reçu le 29 novembre, évacué au Grand-Hôtel le même jour, faute de place.

M. Escalier, sous-lieutenant, passé lieutenant à l'ambulance, puis chevalier de la Légion d'honneur et capitaine. Blessé au combat de Chevilly, le 30 septembre, venant de mon ambulance de Cachan. Coup de feu traversant l'abdomen, hernie épiploïque volumineuse au flanc gauche, ligature, péritonite, guérison. Evacué au Palais de l'industrie par ordre de l'intendance étant en convalescence, puis transporté à l'ambulance du Palais-Royal; a repris son service.

Officiers malades. — M. Lherme, capitaine, embarras gastrique. — M. Plateau, lieutenant, fièvre éruptive.

Sous-officiers et soldats blessés. — 1er BATAILLON. Ribault, Berthier, Fabre, Parsalle, X. (un coup de baïonnette dans la bouche l'empêche de dire son nom).

2e BATAILLON. — *Blessés.* — Hommet (caporal), Bail, L'Alu, Luciani, Capgrand (caporal), Thibault. *Malade.* — Rinard.

3e BATAILLON. — *Blessés.* — Meunier (sergent), *mort.* Quinsey, Garret (caporal), Thoury. *Malades.* — Capillard, Sarron.

4ᵉ Bataillon. — *Malade.* — Heilz.

Sous-officiers et soldats du 110ᵉ dont le bataillon nous est resté inconnu.

Blessés. — Neuman (sergent) Chrétien, *mort.* Dupin, Pierrard, Méridat, Joulin.

Malade. — Tellier.

Observations. — Le nommé Méridat du 110ᵉ, a présenté ce cas curieux d'une balle traversant la poitrine de part en part dans la région du cœur, avec hernie du poumon en arrière, pneumonie consécutive; hydro-pneumo-thorax, et guérison complète en 5 semaines à l'ambulance des Dominicains d'où il est parti le 8 janvier en convalescence.

111ᵉ DE MARCHE

Blessé. — Brunel, coup de feu traversant le bassin, péritonite, guérison ; évacué au Grand-Hôtel, Tétanos, *mort.*

112ᵉ DE MARCHE

Blessés. — Guérin, Allusion.

114ᵉ DE MARCHE

(2 officiers)

Blessé. — M. Vauche, lieutenant-colonel, plaie traversante de poitrine par coup de feu reçu le 13 octobre, repassé à la 8ᵉ ambulance le 21.

Malade. — M. Puig, capitaine-adjudant-major.

109ᵉ DE MARCHE

Malades. — 2ᵉ BATAILLON. — Perrot, Pivois.

100ᵉ DE MARCHE

Malade. — Vial.

67ᵉ DE MARCHE

Malade. — Lobjois.

59ᵉ DE MARCHE

Blessés. — Haas, Courtois.

Le blessé Haas qui avait eu l'épaule traversée par une balle au combat de Chevilly du 30 septembre, avec fracture de l'omoplate, de la clavicule, et lésion de la veine sous clavière, ne pouvait se servir de son bras, resté inerte et pendant le long du corps, évacué par ordre de l'intendance, pendant mon absence, le 21 Octobre 1870 après une amélioration très-considérable. Il me fit ces touchants adieux sur un tableau noir à la craie en soutenant avec peine son bras pantelant de la main restée libre. « Adieu, Docteur, je vous remercie bien de vos bons soins, et j'en conserverai toujours le souvenir, adieu. »

Haas (59ᵉ de ligne).

51ᵉ DE MARCHE

Blessé. — Houssay.

55ᵉ DE LIGNE

Blessé. — Rousselet.

Malades. — Clayon, Parisot, Jolivet, Bergougnon.

11ᵉ RÉGIMENT D'ARTILLERIE

(5 entrées, dont 1 officier)

Blessés. — De Tavernier, sous-lieutenant, fracture de l'avant-bras, contusions multiples par éclats d'obus, le 17 janvier 1871, évacué Boulevard du Prince-Eugène le 18 après pansements et extraction d'un éclat à la jambe.

Jacquinot, Vauthier, *mort.*

Malades. — Prault, Galisson.

14ᵉ RÉGIMENT D'ARTILLERIE

Blessé. — Maillochon (par un camarade).

Malade. — Marmier.

13ᵉ RÉGIMENT D'ARTILLERIE

Blessés. — Cholat (16ᵉ batterie), Vaillant.

2ᵉ RÉGIMENT DU GÉNIE

Malades. — Becker, Lorimy.

FUSILLIERS MARINS

Malade. — Mechin.

ARTILLERIE DE LA MARINE

Malade. — Maché.

4ᵉ RÉGIMENT D'INFANTERIE DE LA MARINE

Malade. — Buré.

5ᵉ RÉGIMENT D'INFANTERIE DE LA MARINE

(18 entrées)

Blessés. — Ruchs (sergent-major), *mort.*

Thurbout, Thorax, Barral, Moutarde, Pachoux, Chevallier, Darmé.

Malades. — Besse, Duport, Avril, Boury, Paudarrier, Mourier, Barrière, Boudet, Sicard, Larrieux.

GÉNIE AUXILIAIRE

Blessé. — Aron, *mort.*
Malade. -- Arly.

TRAIN AUXILIAIRE

Malade. — Lecomte.

FRANCS-TIREURS
(Amis de la France)

Blessé. — Frièse, blessé grièvement en avant du Moulin de Cachan, *mort* le lendemain.

ÉCLAIREURS DE LA COMPAGNIE COIGNET

Blessé. — Noël, *mort.*

VOLONTAIRES DE MONTROUGE
(1 officier)

Malade. — M. Guittau, lieutenant.

CORPS NON DÉSIGNÉS
(2 entrées)

Malades. — Brémard, Servant.

5ᵉ MOBILES DE LA SEINE
(2 entrées)

Blessé. — Lefebvre.
Malade. — Bonneville.

MOBILES DE LA VIENNE

Malade. — Giroi.

MOBILES DE SEINE-ET-OISE

Blessé. — Ménard.

MOBILES DU PUY-DE-DOME
(12 entrées)

Blessé. — Bravard.
Malades. — Ancet, Drisseaut, Quarteron, Bonne-foy, Calamy, Jeanchante, Téxier, Tissier, Bordet, Bérand, Haoud.

MOBILES DE SAONE-ET-LOIRE
(14 entrées, dont 3 officiers)

Officiers malades. — M. le marquis de Montmorillon, chef de bataillon. M. d'Esterno, capitaine. R. P. Chapotin, aumônier.
Soldats blessés. — Renard, Mathra, Gausard, Léger, *mort.*
Soldats malades. — Basset, Bergeron. Philippot, Causillat, Doignon, Gondi, Corneloup.

MOBILES DE LA VENDÉE
(32 entrées, dont 2 officiers)

Officiers malades. — M. Courant, capitaine. — M. Borie, capitaine.
Soldat blessé. — Germain.
Soldats malades. — Chataigner, Dumineau, Philippau, Paul, Aumont, Martineau, Laureat, Declemty, Jousselet, Badin, Maisonneuve, Gendronneau, Rouet,

Bontet, Joubert, Rabotan, Durand, Majon, Chataigné, Poupeau, Mattré, Ardoin, Thireau, Favrot, Begné, Bret, Beliveau, Chaigneau, Dugont.

MOBILES DE L'AIN
(20 entrées)

Blessés. — Gorgu, Morel, Richer.

Malades. — Paccoude, Pobel, Guerry, Bressaud, Deveyl, Filon, Barbe, Barbier, Conté, Thévenard, Renould, Huchet, Guyon, Massiat, Larout, Chalout, Gavard.

MOBILES DU FINISTÈRE
(32 entrées, dont 4 officiers)

Officiers malades. — Latour, chef du 2ᵉ bataillon (*mort* à Paris). — Borelli, capitaine. — Cléach, aumônier.

Officiers blessés. — Salzac, sous-lieutenant (2ᵉ bataillon), entré le 29 novembre pour coup de feu reçu à l'attaque de l'Hay, fracture comminutive de l'humérus au 1|3 supérieur, plaie traversante du dos par la même balle, chirurgie conservatrice à l'ambulance, passé lieutenant et chevalier de la Légion d'honneur. Sorti de l'ambulance pour rejoindre son corps, le 11 mars 1871.

Soldats blessés. — Fourisier, Rochongar, Floch, Georget, Jallin, Lehiban, Legasse, Queyen, Bigent, Goas (*mort*), Monden (*mort*).

Soldats malades. — Tauguy, Lebras, Goff, Montfort, Bermesse, Prigent, Labat, Borgne, Leborgne. Bihau, Tauguy (2ᵉ fois), Fouillard, Brochèque, Cadion, Toidec, Noyer, Masson.

MOBILES DE LA COTE-D'OR
(18 entrées, dont 4 officiers, un en deux fois)

Officiers blessés. — M. de Flandre, lieutenant, officier d'ordonnance du général Valentin. Contusions suite de renversement par des sacs à terre bouleversés par un obus.

Cet officier rentré à Paris après la capitulation, a été reconduit à nos avant-postes par un officier allemand de son grade.

Officiers malades. — MM. Evrard, Blandin, Dumoulin, capitaines.

Soldats blessés. — Bourgoin, Brocard.

Soldats malades. — Voinchet, Jacquin (en 2 fois), Benoit, Morel, Meuriot, Meunier, Poisson, Clergé, Rose, Chaperon.

MOBILES DE L'AUBE
(20 entrées, dont 2 officiers)

Officiers blessés. — Le comte de Dampierre, chef du 3e bataillon, blessé à l'attaque de Bagneux, le 13 octobre, apporté à l'ambulance à 2 heures. Balle traversant l'abdomen avec hernie intestinale et fracture du bassin, pansements, hémorrhagies abondantes, *mort* dans mes bras à 5 heures.

Officier malade. — Petit de Bantelle, capitaine.

Soldats blessés. — Luguier, Robin, Roy.

Soldats malades. — Febvre, Henriot, Barroi, Laribe, Saône, Toussaint, Doussot, Chirat, Gaudon, Collet, Laurent, Lebret, Oudin, Martin, Roux.

GARDE NATIONALE MOBILISÉE

La Légion de Seine-et-Oise a fourni   49 malades.

Le 12ᵉ bataillon de Paris   14   »

Le 84ᵉ bataillon de Paris   3   »

Le 85ᵉ bataillon de Paris   1   »

Le 94ᵉ bataillon de Paris   5   »

Le 111ᵉ bataillon de Paris   4   »

Le 183ᵉ bataillon de Paris   10   »

   dont 1 *mort*.

Le 212ᵉ bataillon de Paris   10   »

   2 blessés, dont 1 *mort*.

Le 15ᵉ régiment de Paris a fourni 21 entrées.

   Savoir :

   45ᵉ bataillon, 1 blessé, *mort*, 6 malades.

   60ᵉ bataillon 6   »

   177ᵉ bataillon 7   »

   119ᵉ bataillon 1   »

Le 26ᵉ régiment de Paris, 1 blessé, *mort*.

Le 28ᵉ régiment de Paris, onze entrées, savoir :

   3ᵉ bataillon . . . . . . 4 malades.

   171ᵉ bataillon, 1 blessé . 2   »

   175ᵉ bataillon 2   »

   221ᵉ bataillon, 1 blessé . 2   »

ARMÉE ALLEMANDE

4ᵉ d'artillerie, 12ᵉ compagnie de Magdebourg.
1 malade d'exzéma, Gent, entré le 11 février, sorti
le 17.

A partir de la signature de la paix, l'ambulance des Dominicains fut licenciée et quelques élèves revinrent au collége.

Pour moi j'allai me reposer dans ma famille.

Je n'étais point à Paris lorsque sont arrivés les événements du 18 mars. Dès les premières hostilités entre l'armée et les fédérés, les Dominicains reforment leur ambulance et en confient la direction chirurgicale à M. le docteur Durand déjà nommé. Jusqu'au massacre du R. P. Captier et de ses compagnons, jusqu'à l'entrée de l'armée dans Paris, l'ambulance des Dominicains d'Arcueil donna encore l'hospitalité et les soins à 51 fédérés, savoir :

Officiers blessés. — 3 dont 2 *morts* et 1 officier supérieur.

Fédérés blessés. — 14 dont 9 *morts* et 4 enlevés par la Commune.

1 cultivateur blessé, chassé de l'ambulance par les agents de la commune.

Fédérés malades. — 33 appartenant à divers corps.

Tels sont les services rendus par les Dominicains d'Arcueil. Le chirurgien en chef s'estime heureux d'avoir contribué dans la mesure de ses forces à cette œuvre si éminemment utile et dont les partisans de la Commune ont tenu si peu compte malgré les soins qui leur avaient été prodigués à eux aussi bien qu'aux soldats de l'armée régulière.

– 19 –

Un registre tenu à l'ambulance contient l'état nominatif de tous les blessés et malades avec des détails
sur leurs blessures ou leurs maladies, ainsi que les
dates de leur entrée et de leur sortie. Un double de
ce livre est déposé chez moi pour les renseignements
que l'on pourrait me demander.

Dʳ VERRIER (DE VILLERS),

Chirurgien en chef

Chevalier de Saint-Grégoire-le-Grand.

PARIS. — IMP. VICTOR GOUPY, RUE GARANCIÈRE, 5.